ALGO : PRETO

COLEÇÃO SIGNOS
HAROLDIANA

Dirigida por Augusto de Campos

Equipe de realização:
Supervisão editorial: Jacó Guinsburg
Capa e projeto gráfico: Sergio Kon
Revisão de provas: Iracema A. de Oliveira e Marcio H. de Godoy
Produção: Ricardo Neves e Raquel Fernandes Abranches

ALGO : PRETO
JACQUES ROUBAUD

tradução de Inês Oseki-Dépré

Título do original francês
Quelque chose noir

© Éditions Gallimard, 1986

Dados Internacionais de Catalogação na Publicação (CIP)
(Câmara Brasileira do Livro, SP, Brasil)

Roubaud, Jacques, 1932- .
    Algo : preto / Jacques Roubaud ; tradução de Inês Oseki-Dépré. — São Paulo : Perspectiva, 2005. — (Signos ; 39)

    Título original: Quelque chose noir.
    ISBN 85-273-0714-6

    1. Poesia francesa 2. Poesia elegíaca francesa 3. Roubaud, Jacques, 1932- - Crítica e interpretação 4. Tristeza - Poesia I. Título. II. Série.

05-0790   CDD-841

Índices para catálogo sistemático:
1. Poesia : Literatura francesa 841

Direitos reservados em língua portuguesa à
EDITORA PERSPECTIVA S.A.
Av. Brigadeiro Luís Antônio, 3025
01401-000 São Paulo SP Brasil
Telefax (11) 3885-8388
www.editoraperspectiva.com.br
2005

Sumário

Prefácio [Inês Oseki-Dépré], *13*

I

Meditação do dia 12/5/85, *21*
Meditação da certeza, *23*
Eu queria desviar seu olhar para sempre, *25*
A insemelhança, *26*
Em mim reinava a desolação, *27*
Onde estás?, *28*
Ponto vacilante, *29*
Meditação do dia 21/7/85, *30*
Pulsação, *31*

II

Assim que eu me levanto, *35*
Meditação do dia 8/5/85, *37*
O sentido do passado, *38*
Até a noite, *39*
1983 : janeiro.   1985 : junho, *41*
Posso enfrentar tua imagem, *42*
De manhã, *43*
No espaço mínimo, *44*
Fins, *46*

III

C.R.A.Po.Po. : Composição rítmica abstrata para pombos e poeta, *49*
Ludwig Wittgenstein, *50*
Um dia de junho, *51*
Luz, por exemplo, *52*
Uma lógica, *53*
Foto-novela, *55*
Novela, II, *57*
Novela, III, *59*
A certeza e a cor, *61*

IV

Vou me afastar, *65*
Retrato em meditação, *67*
Pexa e hirsuta, *68*
Mas eis que : naquele instante (retrato em meditação, II), *69*
Morte, *70*
Morta, *72*
Retrato em meditação, III, *73*
Retrato em meditação, IV, *74*
Retrato em meditação, V, *75*

V

Meditação da indistinção, da heresia, *79*
Cópia de meditação, *81*
Morte singular, *82*
Meditação da pluralidade, *83*
Roteiro da meditação, *84*
Meditação dos sentidos, *85*
Teologia da inexistência, *86*
Meditação da comparação, *87*
Apátrida, *89*

VI

Esta fotografia, tua última, *93*
Remessa, *95*
Nuvens, *97*
Pincel luminoso, *98*
Enigma, *99*
Arte da visão, *100*
Afirmação de conformidade, *101*
"Todas as fotografias são eu", *102*
Esta fotografia, tua última, *103*

VII

Agora sem semelhança, *107*
Nesta luz, *108*
Essa região, *109*
Nesta luz, II, *110*
A história não tem lembranças, *111*
Nesta luz, III, *113*
Pornografia, *115*
Nesta luz, IV, *116*
Morte real e constante, *117*

VIII

Não posso escrever de ti, *121*
A idéia deste lugar, *122*
"Este mesmo é tua morte e o poema", *123*
Diálogo, *124*
O tom, *125*
Tu me escapas, *126*
Universo, *127*
Mundo ingênuo, *129*
Afasia, *130*

IX

Os dias, *133*
Em mim, *134*
Mantinha-se, *135*
Esse tempo que era nosso no mundo, *136*
Nessa árvore, *137*
Nãovida, *138*
Nãovida, II, *139*
Nãovida, III, *140*
Nãovida, IV, *141*

NADA

"Esse pedaço de céu...", *145*

*

Bibliografia selecionada, *147*

Prefácio

Algo: Preto (*Quelque chose noir*, 1986) é um livro de poemas de Jacques Roubaud, sem dúvida um dos nomes mais significativos da poesia contemporânea francesa. Nascido em 1932 em Caluire et Curie, poeta, ensaísta, matemático, professor da Escola de Hautes Etudes em Sciences Sociales, membro do grupo OuLiPo (Ouvroir de la Littérature Potentielle)[1] fundado por Raymond Queneau e François Le Lionnais. Jacques Roubaud mantém aqui, como sempre em seus trabalhos, a aliança entre rigor formal, um profundo conhecimento da literatura e um ouvido sensível a todos os metros da prosódia.

Em poucas palavras, segundo o testemunho de sua filha[2] Florence, educado por um pai filósofo e treinador de *rugby* e uma mãe brilhante professora de inglês, desde a infância marcado pelo «ice cube syndrom» (não falar de si nem dos próprios sentimentos), o poeta manifestou logo um grande interesse pela filosofia, história, literatura, compondo já aos doze anos *Poésies juvéniles* de fatura trovadorística. Amigo da natureza e profundo entomologista na alma, suas atividades preferidas sempre foram «contar, rimar, andar»... Seu primeiro livro, *Ɛ*, data de 1967, início de um período «japonês». Do Japão medieval ao ciclo arturiano e aos trovadores o passo foi dado. Daí para os cantos dos Índios da América (*Partition rouge*, em colaboração com Florence Delay), foi fácil.

---

1. Laboratório de literatura potencial.
2. «Vie brève de Jacques Roubaud»,em *Forme & mesure. Cercle Polivanov: pour Jacques Roubaud/Mélanges*, Mezura, n. 49, Inalco, 2001 (p. 343 e s.).

A formação matemática aliada à prática «oulipiana» e o conhecimento intrínseco da poesia se encontram combinados com a espontaneidade e o humor em *Autobiographie chapitre* X (1977), na qual o poeta desmonta e recria poemas de Reverdy, Cendras, Desnos, Eluard. Outros textos vão alimentar o ciclo do Graal (Gauvain, Lancelot, Perceval, Guenièvre) em que as aventuras do herói são contadas em diferentes modos narrativos. A especificidade da linguagem poética está no centro da *Vieillesse d'Alexandre* (1978), magnífico ensaio sobre a persistência ou nostalgia do verso alexandrino, e o mesmo interesse pela poesia o leva a traduzir os trovadores (*Les troubadours*, antologia bilíngüe, 1981; *La fleur inverse*, 1987); os poetas americanos contemporâneos (*Vingt poètes américains*, antologia bilíngüe, publicada em colaboração com Michel Deguy, 1980); a *Bíblia* (com outros tradutores, 2000). Prosseguindo sua obra poética (*Dors*, 1981; *Quelque chose noir*, 1986) e narrativa (*La belle Hortense*, 1985; *L'enlèvement d'Hortense*, 1987; *Le grand incendie de Londres*, 1989; *La boucle*, 1993; *Mathématiques*, 1997; *Le voyage d'hiver. Le voyage d'hiver*, com Georges Pérec, 1997); cultiva igualmente a ensaística (*Soleil du soleil*: o soneto francês de Marot à Malherbe, uma antologia, 1990; *L'invention du fils de Léoprépes* — ensaio sobre a memória, 1993; *Poésie, etcetera: ménage*, 1995; *La ballade et lê chant royal*, 1998). Toda sua obra é caracterizada pela feliz reunião de rigor, fantasia e um tom inato para a poesia, em geral baseada em regras formais sutis, ou combinações de formas regulares e eruditas.

Algo: Preto de certa maneira foge um pouco à regra. Escrito em 1986, após a morte prematura de sua mulher, a fotógrafa Alix Cleo Roubaud, e mau grado o cuidado prosódico e o alto teor poético dos poemas, o livro ultrapassa a questão dos procedimentos e das regras de construção para atingir um máximo grau de criação no ensejo de *dizer* a morte da pessoa amada.

A morte é vácuo, solidão, perda. Neste poema em nove seções, o poeta tenta exprimir a secura do vazio como por instantâneos (por isso o «preto e branco»), adotando o tom da imobilidade sugestiva do fotógrafo para fixar ao mesmo tempo o nada («Teus olhos em minha boca no lugar deste nada»), o irreversível («Não te salvei da noite difícil»), mas captando simultaneamente o instante em que de dois resta apenas um que sofre. As formas e tons variam, fragmentos, visões, pensamentos e a progressão segue o processo do desaparecimento: o corpo morto, as lembranças, o fim da morte, o fim («Quando tua morte se acabar, eu estarei morto»).

O verso é livre, mas a forma nunca é prosaica. A apresentação da tradução americana evoca como procedimento fundamental o de «tentativa-erro» (*trial-and-error*), que se concretiza nas variações (Meditações — seções 1, 2, 5; Novelas, II, III, IV, seção 7; Nãovida, II, III, IV, seção 9). O volume termina com um poema «Nada».

Peças, portanto, em que o cuidado, a atenção prestada ao dizer, se equilibram com o amor, a cumplicidade com a mulher amada e os instantes vividos, jamais patéticos, mas precisos como uma dor aguda, surpreendentes, cuja forma acurada produz uma grande emoção estética e afetiva: «Algo preto que se fecha e se cala, uma deposição pura, inacabada».

A intertextualidade, procedimento típico dos trabalhos oulipianos, se verifica também aqui: a mesma morte é evocada no *Grande Incêndio de Londres* (1985-1987), obra em prosa do grande trovador, mas o que não deixa dúvidas, é que a poética japonesa também deixa seus rastros.

Com efeito, presentes no jogo de Go, em ε (1967), aliados aos jogos do trobairitz, o que é sistemático em *Mono no aware* (1970) e *Autobiografia Capítulo Dez* (1977), aparece em *Algo: Preto* através de «empréstimos» do estilo de Kamo no Chomei (século XIII), cuja enumeração um pouco fantasiosa ilustra bem os diferentes poemas do presente volume:

1) O *choku tai*: estilo das «coisas como elas são».
2) *Rakki tai*: estilo «para domesticar demônios».
3) O estilo de Kamo no Chomei: «velhas palavras em tempos novos».
4) O *yugen*: «estilo das ressonâncias crepusculares».
5) O *yoen*: «estilo do encanto etéreo».
6) O «sentimento das coisas»: o *mono no aware*.
7) *Sabi*: «ferrugem; solidão».
8) O *ryôhô tai*: «estilo do par».
9) *Ushin*: «o sentimento profundo».
10) *Kolo shikarubeki yo*: «o que deveria ser», *muss es sein*.[3]

---

3. Agnès Disson & Jun'ichi Tanaka, «Poèmes de la trame et du dessin: lê Japon de Jacques Roubaud», *Forme & mesure...*, *op. cit.*, p. 163 e s.

A tradução para o português permite o aparecimento em nossa língua de uma poética inédita, herança de formas e tradições diversas. A linguagem aparentemente despojada do texto original propõe desafios ao tradutor, estranhezas, Jacques Roubaud jogando sempre com a ambigüidade homofônica («entre»: *entre* e *entra*, o gênero das palavras), expressões típicas da língua francesa («à l'identique», «quelque chose noir»[4]), além das sonoridades, ecos, e a *ice cube* emoção.

O passado da tradição, a poesia trovadoresca ou japonesa subjacente, o rigor e a regra, todos os elementos que na nossa língua oferecem, assim esperamos, algo: novo e que, no caso, a tradução[5] se esforçou em *keep it new*.

Inês Oseki-Dépré

---

4. Título aparentemente simples, mas que coloca um problema sintático, *quelque chose* precede sempre um partitivo em francês, inexistente em português, ou tomado ao pé da letra será, no máximo, feminino (chose, coisa). A solução proposta por Haroldo de Campos (:) reintroduz sua aura enigmática.
5. *Quelque chose noir* foi traduzido para o inglês, *Some Thing Black* (Rosemarie Waldrop, USA) e para o alemão, *Etwas Schwarzes*.

INÊS OSEKI-DÉPRÉ é autora e tradutora de numerosos ensaios literários e textos de poesia tanto em língua portuguesa como francesa. Dentre as suas versões, destaca-se a das *Galáxias* de Haroldo de Campos, com a qual foi distinguida com o prêmio Roger Caillois em 1999. Para o nosso vernáculo, transpôs, entre outros, *Escritos* de Jacques Lacan para a editora Perspectiva.

I

Meditação do dia 12/5/85

Encontrei-me diante desse silêncio   inarticulado   um pouco
como a madeira   alguns   em momentos semelhantes
pensaram   decifrar o espírito em alguma remanência para
eles isso foi uma consolação   ou redobro do horror   não para mim.

Havia sangue espesso sob tua pele   em tua mão
derramado na ponta dos dedos   para mim não era humano.

Essa imagem se apresenta pela milésima vez   novamente
    com a mesma violência   ela não pode não se repetir
indefinidamente   uma nova geração de minhas células   se
houver tempo   encontrará essa duplicação onerosa   essas
tiragens fotográficas internas   não tenho escolha   agora.

Nada no preto me influencia.

Não me exercito a nenhuma comparação   não avanço
nenhuma hipótese   afundo-me pelas unhas.

Sou   em tempos   míope   não podem dizer-me
    olha esse gramado   lá   dez anos antes   vá em sua direção.

O olhar humano tem o poder de dar valor aos seres   isso os
torna mais caros.

Não podem dizer-me   fala e espera uma só coisa da palavra
ela não será pensada.

Eis o fim   o fim onde não há verdade alguma
além de uma palma de folhas em espaço   com seus excessos.

Meditação da certeza

A porta afastava a luz.

Eu sabia que ali havia uma mão. quem me consentiria daí por diante todo o resto?

Tendo-a visto, tendo reconhecido a morte, que não somente parecia ser assim, mas que era assim certamente, mas que não havia nenhum sentido em duvidar.

Tendo a visto, tendo reconhecido a morte.

Alguém me teria dito : «não sei se é uma mão», eu não poderia ter respondido «olhe mais de perto», nenhum jogo de linguagem podia deslocar essa certeza. tua mão pendia na beira da cama.

Morna. morna apenas. morna ainda.

O sangue tinha se amontoado na ponta dos dedos, como num copo um fundo de guinness.

Eu não o via aspecto humano.   «há sangue numa mão humana». eu entendia muito claro o sentido dessa proposição. porque eu estava contemplando sua confirmação negativa.

Não me era necessário dizer-me :   «o sangue corre por uma mão viva», coisa que entretanto ninguém jamais viu. aquele sangue ali com toda a evidência não corria. o que eu não podia pôr em dúvida. para duvidar faltavam-me as razões.

Eu queria desviar seu olhar para sempre

Eu queria desviar seu olhar para sempre. eu queria ser o único no mundo a não ter visto. essa mão podia não ter estado lá, afinal : nem eu tampouco, e comigo desaparecer o mundo. esse brinde. a imagem de tua morte.

Ela amara a vida apaixonadamente de longe. sem a impressão de estar nela nem de fazer parte dela. infeliz, ela fotografava relvados tranqüilos e felicidade familiar. êxtase paradisíaco, ela fotografava a morte e sua saudade.

Enfim adequação exata da morte mesma à morte sonhada, a morte vivida, a morte mesma mesma. idêntica à ela mesma mesma.

Puro precipício do amor.

Adormecer como todo o mundo. o que eu quero.

Amo-te até lá.

Evidentemente não era um brinde comum. o de me oferecer, às cinco horas da manhã, numa sexta-feira, a imagem de tua morte.

Não uma fotografia.

A morte mesma mesma. idêntica a ela mesma mesma.

A insemelhança

O resultado da investigação era esse : o precipitado das semelhanças. a tela da semelhança. seus fios cruzados e recruzados.

Por vezes a semelhança em toda a parte. por vezes a semelhança *aqui*.

E também que tu e tua morte não tinham nenhum parentesco.

Parece simples. então : não havia mais lugar para uma requisição difícil. para nenhuma interrogação rude. simplesmente o palavrio doloroso. inútil. superficial e trivial.

«Um cão não pode simular a dor. será por ser honesto demais?»

Era preciso aprender a descrição.

Em poucas palavras o que não mais se movia.

Pois isso tinha-me sido remetido reconhecido. ao passo que nada se deduzia de minha experiência.

Estavas morta. e isso não mentia.

Em mim reinava a desolação

Onde tua inexistência era tão forte. tornara-se forma de ser.

Em mim reinava a desolação. como falando em voz baixa.

Mas as palavras não tinham a força de atravessar.

De atravessar apenas. pois não havia o quê.

Volta-se para o mundo. volta-se para si.

Não se queria habitar de modo algum.

É o núcleo habitual do infortúnio.

«Você» era nossa maneira de tratamento. fôra.

Morta eu não podia mais dizer senão : «tu».

Onde estás?

Onde estás :
              quem?

Sob a lâmpada, cercada de preto, disponho-te :

Em duas dimensões

Preto cai

Sob os ângulos. quase uma poeira :

Imagem sem espessura   voz sem espessura

A terra
            que te esfrega

O mundo
            do qual nada mais te separa

Sob a lâmpada. na noite. cercado de preto. contra a porta.

Ponto vacilante

Retornando-te   sem massa alguma   sem dificuldade alguma lenta   para o ponto   vacilante   do duvidar de tudo.

Não te salvei da noite difícil.

Não dormes   separada de mim   estreita   e separada de mim.

Estás inteiramente   indene   espiritualmente e inteiramente.

Indene   mas em pedaços

E a graça   difícil   das nuvens   te penetra pelo golfo de tetos   entre duas janelas.

E sou eu   agora   quem se retorna.

Na noite caolha   sob a massa ciclope de uma lua vacilante.

Para o ponto familiar do duvidar de tudo.

Meditação do dia 21/7/85

Olhei para esse rosto. que fôra meu. da maneira mais extrema.

Alguns. em momentos semelhantes. pensaram invocar o repouso. ou o mar da serenidade. isso lhes foi talvez de alguma ajuda. a mim não.

Tua perna direita se reerguera. e se afastara um pouco. como em tua fotografia intitulada o *último recesso*.

Mas teu ventre dessa vez não estava na sombra. ponto vivo no mais preto. não um manequim. mas uma morta.

Essa imagem se apresenta pela milésima vez. com a mesma insistência. ela não pode não se repetir indefinidamente. com a mesma avidez nos detalhes. não os vejo se atenuarem.

O mundo me sufocará antes que ela se apague.

Não me exercito em nenhuma lembrança. não me permito nenhuma evocação. não existe lugar que lhe escape.

Não podem dizer-me : «sua morte é ao mesmo tempo o instante que precede e aquele que sucede a teu olhar. não o verá jamais».

Não podem dizer-me : «é preciso calá-lo».

Pulsação

Pulsação do mar
      água em movimento   água
        errante.   estilhaços.   tomilhos.

Urtigas.   a contra tempo
    eu ia para teu odor.   deitava-me sobre tua ruina.

Dormia diante de teu corpo.

Tempo em retorno   re
   volto agora.   rosa

Fotográfica   soprada.

Ventos . rosa
   baga . rosário

Que tua mão pare .
   pulsação   tempo
que

      de novo

  venha

II

Assim que eu me levanto

Assim que eu me levanto (às quatro e meia, cinco horas), pego minha tigela na mesa da cozinha. Coloquei-a na véspera, para não mexer muito na cozinha, para reduzir o ruído de meus movimentos.

Continuo fazendo assim, dia após dia, menos por hábito do que para recusar a morte de um hábito. Ficar em silêncio não tem mais a menor importância.

Ponho um fundo de café em pó, da marca ZAMA filtro, que compro em grandes vidros de 200 gramas no supermercado FRANPRIX, em frente ao metrô Saint-Paul. Pelo mesmo peso, ele custa quase um terço a menos do que as marcas mais conhecidas, Nescafé, ou Maxwell. O próprio gosto é claramente um terço pior do que o do nescafé mais grosseiro não liofilizado, que já não é lá essas coisas.

Encho minha tigela na torneira de água quente da pia.

Levo lentamente a tigela para a mesa, segurando-a entre minhas mãos que tremem o menos possível, e sento-me na cadeira da cozinha, de costas para a janela, em frente à geladeira e à porta, em frente ao sofá, feio e vazio, que está do outro lado da mesa.

Na superfície do líquido, arquipélagos de pó marrom tornam-se ilhas negras bordadas de um lama cremosa que se afundam lentamente, horríveis.

Penso : «E junto a paus a flux / o horrendo creme.»

Não como nada, bebo apenas a grande tigela de água mais ou menos morna e cafeinada. O líquido é um pouco amargo, um pouco caramelizado, pouco apetitoso.

Engulo-o e fico um momento imóvel olhando, no fundo da tigela, a mancha preta de um resto de pó mal dissolvido.

Meditação do dia 8/5/85

Tarde após tarde

Vetor de luz através da

Mesma vidraça

Afasta-se

E a noite

O carrega

Onde te guardas

Invisível

Na espessura

O sentido do passado

O sentido do passado nasce
        de objetos-já.

Em todos os momentos evidentes
        procurei-te

Também em tênues
        interregnos

Procurei quem?
    onde
    estás?

quem?

quem, não tem mais sentido

nem quê   (sem nome, em nenhuma língua)

Eu retornaria, alguns passos atrás, eu estaria
      num espaço
          diferente, em certo sentido precário.

Como se o som atravessando a água
      baixasse de uma quarta.

Até a noite

O telefone não toca. Quando ele toca, eu atendo. Eu o desligo em seguida no caso de ele tocar e eu quiser responder. mas respondo raramente.

A árvore mais à esquerda, na janela, tem folhas amarelas de tão verdes, grandes pardais nelas se agitam. vislumbro-os apenas.

A igreja, a rua, o golfo de tetos à esquerda da igreja compõem o fundo de uma imagem : duas janelas, árvores mornas, uma catalpa? uma árvore de Judéia?

Peguei o hábito de me deitar nela através do olhar, sentado numa cadeira. Na mesa coloquei os papéis, os livros, as cartas que recebo e às quais não consigo responder.

À tarde quando a luz se concentra, e avança, em oblíquo, carregando às vezes o sol, às vezes não, até meus pés, sento-me nessa mesma cadeira, em frente da imagem.

Aí quedo-me até a noite.

Não para olhar, eu já vi, não para esperar, quando nada virá, só pelo gesto, de continuidade.

À altura dos olhos, aproximadamente, fica o ponto de onde foi composta a imagem, a fotografia, onde se vê, o que eu vejo e acabo, preguiçosamente, de descrever, para a qual eu não olho, por assim dizer nunca mais. essa imagem está na parede à minha frente.

Poderia ver, na parede, distintamente essa imagem, poderia vê-la, perfeitamente mesmo dentro da noite, mas não olho para ela. essa imagem que te contém.

1983 : janeiro.   1985 : junho

O registro rítmico da palavra me horripila.

Não consigo abrir um só livro que contenha poesia.

As horas da tarde devem ser aniquiladas.

Quando acordo tudo preto : sempre.

Em centenas de manhãs pretas refugiei-me.

Leio inofensiva prosa.

Os cômodos ficaram no mesmo estado : as cadeiras, as paredes, as venezianas, as roupas, as portas.

Fecho as portas como se o silêncio.

A luz me ultrapassa pelos ouvidos.

Posso enfrentar tua imagem

Posso realmente enfrentar tua imagem, teu «semblante», como se dizia outrora. dificilmente, mas posso.

Dispersa entre as luzes, tuas sombras.

Contada de lugar em lugar : paredes, gavetas, este livro :

Imagens de ti, estas palavras.

Tuas cartas.

Tua escrita, e batida a máquina : canadense.

Tua língua dupla. vista.

Mas não cheguei a ouvir novamente tua voz : as fitas do gravador, todas essas horas, ditas durante as noites, nos últimos meses.

Os outros vestígios, provindos de outros sentidos, estão só em mim. Quando tropeço neles, sufoco.

De manhã

Sou o habitante da morte idiota.   a cabeça como um porridge

Os pássaros levantam vôo   à aveia preta de fumaça (são quatro horas, são cinco horas)

As árvores vestem-se da cabeça aos pés

Em minha tigela arquipélagos de lama preta   que se desfazem

Bebo morno

A igreja, a areia, o vento irresoluto

Avanço de uma linha, a dois dedos

Queria deitarmo-nos cabeça-com-pés

Teus olhos em minha boca   no lugar deste nada.

No espaço mínimo

Afasto-me pouco deste lugar como se a clausura num espaço mínimo te devolvesse da realidade, visto que aqui vivias comigo.

Em sua descida, como em sua subida, o sol penetra, quando faz sol, e segue seu caminho reconhecível, nas paredes, nos assoalhos, nas cadeiras, curvando, reclinando as portas.

Fico muito tempo aqui, seguindo-o com os olhos, interpondo minha mão, sem fazer nada, pensar, complemento de imobilidade.

Não vives nesses cômodos, eu não poderia dizê-lo, não estou assombrado por ti, não tenho mais, agora, senão raramente a alucinação noturna de tua voz, não te surpreendo abrindo a porta, nem os olhos.

O que me ocupa, inteiramente, e me desvia do lá-fora, de me afastar, de abandonar os cômodos, os movimentos do sol, é o espaço, o espaço só, tal como encheras de imagens, de tuas imagens, de teus panos, de teu perfume, de teu obscuro calor, de teu corpo.

Ao desapareceres, não foste posta em outro lugar, te diluíste neste mínimo espaço, te afundaste nesse mínimo espaço, ele te absorveu.

À noite sem dúvida, se eu acordar na noite, angústia no peito, a janela enorme, a me tocar nos olhos, ruidosa, à noite sem dúvida, poderia dar-te forma, falar, refazer-te, um dorso, um ventre, uma nudez úmida preta, não me abandono.

Abandono-me ao alongamento das janelas, da igreja, ao golfo dos tetos à esquerda da igreja, onde se lançam as nuvens, noite após noite.

Deixo o sol se aproximar, me recobrir, extinguir-se, depositando seu calor um instante, pensando, sem acreditar, tua carne recolocada no mundo, reavivada.

Fins

O sol se põe sob a porta.

Com toda a evidência algo se acaba mas como saber o quê? se fosse o dia seria simples, mas de uma simplicidade exterior, só implicando gestos : a lâmpada, o fechar das portas, a cama.

Não pode ser isso.

Procuro um índice no sol, na poça de sol posto diante da porta, que já se agita, se retira.

Morrer? não creio. morrer além disso não seria um acabamento. pelo menos para mim.

Algo que está no fim, bem próximo, ao sol posto sob a porta, não conseguiria saber o quê.

Não tentarei sabê-lo. o sol apagado, a noite prevenida de seu fim, eu me levantarei, fecharei as portas, as lâmpadas, a cama.

Houve um tempo em que eu não teria deixado perder-se o sentido de nenhum fim interior. eu teria ficado na noite, as mãos na noite, as palavras.

Agora, está vindo um fim, renuncio.

III

C.R.A.Po.Po. :
Composição rítmica abstrata
para pombos e poeta

Estava sentado no banco ainda molhado, ao sol.

As nuvens se projetavam, a sombra à frente, na relva, em direção aos sete choupos ingleses.

Eu te via, na janela, em pé, nua, com o sol.

Eu olhava para ti. o escuro. o preto. o preto posto no ponto vivo. de teu ventre.

Eu batia o pé na relva. os doze pombos se alçavam um metro acima e depois se pousavam de novo.

Eu batia o pé na relva. os doze pombos se alçavam um metro acima e depois se pousavam de novo.

Eu batia o pé na relva. os doze pombos se alçavam um metro acima e depois se pousavam de novo.

Eu olhava para ti. o escuro. o preto. o preto pousado espesso no ponto. vivo. de teu ventre. eu estava sentado no banco, ainda molhado. ao sol. as nuvens se projetavam, a sombra à frente, na relva. em direção aos sete choupos ingleses.

Eu batia o pé na relva. os doze pombos se alçavam um metro acima. depois se pousavam.

Ludwig Wittgenstein

No dia antes do nosso casamento, 10 de junho, fomos àquele cemitério de Cambridge onde está enterrado Wittgenstein.

Um túmulo de uma só pedra, longa, plana, sem cor, na relva, sem ornamentos. uma modéstia feroz.

A relva chega até em cima. gramináceos. ao rés da terra.

Lê-se :

LUDWIG
WITTGENSTEIN
1889-1951

À altura do coração na pedra. a pedra não lisa. erodida.

Puseste a fotografia da pedra na parede, sobre o papel marrom, escuro, japonês, da parede : um pedaço de túmulo está na imagem, somente o nome e as datas, um pouco de mato à direita, à esquerda um gramináceo em viés.

As bordas do negativo visíveis, parte da imagem, uma linha preta, arredondada.

O túmulo da fotografia, coletada do túmulo.

Olho para ela.

Um dia de junho

segundo um epitalâmio de Georges Perec

O céu é azul ou o será breve.

O sol pestaneja por cima da Ile de la Cité.

A terra inteira está ouvindo as sonatas do Rosário de Heinrich Biber

Tinta e imagem encontram-se solidárias e aliadas

Como o esquecimento e o vestígio

No começo dos anos obedientes

E o azeviche preto da plena-juventude
  e a turquesa azul do ser-adulto

E o álamo amarelo do nada que não se concebe nem se diz
  e a concha branca da Ressurreição.

Enrolavam-se em torno ruídos tranqüilos e quotidianos

Luz, por exemplo

Luz, por exemplo. preto.

Vidros.

Boca fechada. abrindo-se à língua.

Janela. reunião de gizes.

Seios. depois embaixo. a mão se aproxima. penetra.

Abre

Lábios penetrados. de joelhos.

Lâmpada, lá. molhada.

Olhar repleto de tudo.

Uma lógica

Uma espécie de lógica para a qual terias construído um sentido   eu uma sintaxe, um modelo, cálculos

O mundo de um só, mas que teria sido dois : não um solipsismo, um *biipsismo*

O número um, mas como tremido num espelho, em dois espelhos, encarando-se

A ordem no mundo, mas com dois começos

Diferentes, inseparáveis

Uma primeira distância, mas que não poderia ter sido fragmentada por um olhar exterior, uma medida dessa distância, mas que não poderia ter sido tomada sem falsificar o sistema do *duplo* : um axioma de incerteza

Nesse mundo, se ele pudesse ter sido pensado, o pensamento do outro, sempre, teria sido o pensamento do «outro de dois»

O pensamento do exterior, nesse mundo, então nosso, teria sido o das coisas aparecendo a uma consciência alternante, das quais somente teriam realmente existido as percepções, utopicamente unidas, tuas e minhas, no interior da ilha do dois :

A geladeira, o forno, as luzes se apagando, os gritos e os ruídos, crianças, sem hostilidade, rumores, entre nós a mesa,   pensamento,   da cozinha.

Foto-novela

A novela se compõe de aventuras narradas no tempo em que esse aventurar advém.

A importância e o sentido dessa regra não são dissimuladas. Pelo contrário é dito explicitamente que as coisas contadas passam-se no tempo em que são racontadas.

Mas não se trata por isso de um diário.

Pois o presente aí fala presente sem ser de modo algum revoluto. Não existe a descontinuidade das datas, das páginas, dos arrependimentos, do diário.

Há alguém, um homem. Inominado. Há sua jovem esposa, morta.

A novela se passa em vários mundos possíveis. Em alguns deles, a jovem mulher não está morta.

O tempo é o presente. o tempo de cada mundo possível é o presente.

Os ruídos, as épocas, até os sabores, são escritos à luz, e as nuvens. Isso, acima de tudo, mostra o respeito da regra que governa a composição da novela.

Quando não existe mais do que um mundo, onde ela está morta, a novela acaba.

Novela, II

É ainda uma outra novela, talvez a mesma.

Um homem abandonado, por causa de certa morte, recebe um telefonema. O telefonema é um chamado da mulher amada, e morta.

Ele reconhece a voz. Ela chama de um mundo possível, outro, semelhante em todos os pontos àquele ao qual ele está habituado, com uma única diferença : nesse mundo, ela não está morta.

Mas que dirá ele? o que sucedeu nesse mundo em trinta meses? que lhe dirá ela? como ele entraria nesse mundo onde não existiu o horror, esse mundo de morte abolida, onde a luta continua contra a morte, onde eles se obstinam nessa luta que aqui, neste mundo em que ele se encontra no momento em que ele tira o telefone do gancho, se perdeu?

Ele atenderá e ouvirá sua voz. O mundo em que ele permanece ainda (o telefone acaba de tocar mas ele ainda não moveu a mão para responder) será esquecido.

Esse mundo não terá existido. Só como mundo possível onde foi a morte que foi, e não a vida. Um mundo no qual ele continuará pensando o tempo todo, embora não seja mais pensável.

Imaginando, na sua imaginação, quando ele estará nesse mundo, aquele onde ela estaria morta. Mas ele não será, na verdade, capaz de imaginá-lo realmente.

O telefone não toca. Enquanto ele não tocar o novo mundo, o mundo possível é ainda possível. É ainda possível que o telefone toque, e que a voz que venha seja a voz da mulher amada, e morta. Tendo cessado de estar morta, não o tendo sido nunca.

O telefone tocará, a voz que o homem abandonado por causa da morte ouvirá não será a da mulher amada. Será uma outra voz, uma voz qualquer. ele a ouvirá. O que não provará que ele está vivo.

Novela, III

Naquele ano, as notícias não foram boas. Um morreu antes da primavera, de um câncer do pulmão. Seu último livro ficou inacabado. Ele escreveu até o último momento.

Logo depois, na primavera, um outro tossiu. Era ainda um câncer, ainda do pulmão. Ele o visitou após a operação. Havia um parque onde esperar, no meio do sol. Vendo a radiografia, via-se muito bem a ausência, nova, de um pulmão : em comparação, uma ausência de sombra no clichê. Somente um arco preto, em cima.

No final de agosto, o homem de quem falamos foi até La Bourboule buscar sua mulher, para voltar com ela a Paris. Trocou três vezes de trem, em curtos itinerários. Esperou-a à saída das termas e andaram a pé subindo o Dordogne até o limite da cidade onde se beijaram. Eram onze horas da manhã e cedo demais para ir para o quarto, no hotel. Dorso dourado, ela respirava melhor.

Em dezembro, em suma, tudo era ainda possível. No dia primeiro de janeiro do ano seguinte (o ano do qual estamos falando), ela colou os dois nomes deles na porta, com a data embaixo, seguida de um ponto de exclamação :
19...!

Visto de mais tarde, aquele ano lhe parece quase paradisíaco : as últimas fotografias, como se aliviadas da angústia, bruscamente :

o bebê de Dian, os olhos da mãe, uma imagem de Jean E., num contorno redobrado por um reflexo, sua mão didática.

Ele pode interpretar isso como uma advertência, despedidas. As imagens não se tornam mais carregadas.

Ele se recorda de momentos felizes leves, claros, precários. As horas tagarelas na cozinha, Christmas shopping in Manchester.

As nuvens girando nos pedaços de espelho dispostos, colados, no muro à esquerda dos travesseiros. As nuvens, assim, entrando no golfo de tetos à esquerda da igreja olhavam para eles, juntos, à tarde. Depois eles se beijavam.

Mas, de fato, naquele ano as notícias não foram boas.

A certeza e a cor

Junto à morte escrito :   certeza, cor.

Pode-se duvidar do vermelho?

Cuba de cobre e vinho   veios de ventos   terraços no centro verde.   e tu?

Não eras branca e preta   plana.   eras?

Não eras recortada em retângulo no mundo.

Essa imagem : jamais respondeste a respeito de teu olhar para qual depois olhas fixamente?   onde me situas   só.

Eu?   algo de inteiramente novo?

Teus olhos   na claridade testamentária.

IV

Vou me afastar

Vou me afastar e inscrever as palavras do endereço as palavras do endereço que são a única maneira de constituir
    ainda uma identidade que seja tua sem barreiras

Tuas fotografias   reproduzidas   as frases reproduzidas de teu Diário   com sua pontuação particular :
um.

Teus farrapos de cadáver se desfazendo   se desprendendo no aniquilamento   sobriamente   e rigidamente   florirem de nenhuma maneira imaginável   senão pelo desuso   a ressurreição de algumas palavras   as bíblicas   não pertencendo à minha tradição :   dois.

O retângulo da sala atapetada com papéis marrons japoneses e sua combinação de objetos   a tua   quase intacta após aproximadamente trinta meses   onde recebo a luz em cheio nas mãos :   três.

São   três vezes   tu   três dos irredutivelmente separados deslocados   reais de ti   perdidos numa diáspora que une somente esse pronome :   tu

Incapaz sou doravante de retardar   senão pronunciando-o as derivas divergentes das sílabas de teu nome que

Quando ele não era para mim esta designação rígida repetindo-se num mundo possível   pela única razão de uma

Palavra   em torno de um corpo vivo

Alix Cleo Roubaud.

Retrato em meditação

As portas múltiplas por onde passam os argumentos.

As lâmpadas do *e* e do *ou*.

A via média acima da *música de aeroporto*.

Enormes modificações de última hora. Ecos dizimados pela neve diante da *John Rhyland's Library*.

O músculo machucado da palavra do gravador.

Lentes imanentes de plenilúnio sem sopro.

Luzes pronunciadas pelas plantas pretas.

«Na avenida ela via.
          Ela via.»

Impossível escrever casado(a) com uma morta.

Pexa e hirsuta

Dante chama de *hirsutos* esses pedregulhos presos nos vocábulos e que suspendem o curso do verso ao longo do seu decurso.

Como «as consoantes múltiplas, os silêncios, as exclamações»

*Penteado*s, diz ele, é o contrário

Tua cabeleira baixa que não interrompia teu ventre, «penteada»

Hirsuta a fragmentação de teus nomes,

Eu os dizia sempre juntos, um chocando-se ao outro : Alix Cleo.

Onde o signo vogal ausente era o de : 'nua'

O que havia de hirsuto em tua nudez não era tua cabeleira baixa pretíssima em torno da umidade onde a língua passava escorrendo-te

Não a nudez mas teu nome. Em pleno gozar de ti dizê-lo.

Mas eis que : naquele instante
(retrato em meditação, II)

«Mas eis que : naquele instante eu pensava em outra coisa».

Sob os olhos do amor. infeliz : fracassado!

Não fales, não protestes, não penses, transparente ou não, bela ou desdenhável.

Mesmo se era sob o pensar do sol.

A autenticidade da imagem não é negada, mas estremecida. O que é completa o que se mostra mas agora o nega.

O instante da morte carregado pelo invisível.

«Dizer é a nostalgia do mostrar.»

Irredutivelmente exilada de meu olhar. de tua imagem.

Que, ela, não dirá mais nada.

Morte

Tua morte fala a verdade. tua morte falará sempre a verdade. o que fala a tua morte é verdade porque ela fala. alguns pensaram que a morte falava a verdade porque a morte é verdadeira. outros que a morte não podia falar a verdade porque a verdade nada tem a ver com a morte. mas na realidade a morte fala a verdade assim que ela fala.

E acaba-se descobrindo que a morte não fala virtualmente, dado o que acontece, efetiva em relação ao ser. o que é o caso.

Nem um limite nem o impossível, escapando no gesto da apropriação repetitiva, visto que não posso de modo algum dizer : é isso.

Tua morte, segundo tua própria confissão, não diz nada? ela mostra. o quê? que não diz nada, mas também que mostrando ela não pode tampouco, no mesmo lance, se abolir.

«Minha morte servir-te-á de elucidação da maneira seguinte : poderás reconhecê-la como desprovida de sentido, quando a tiveres subido, como um degrau, para atingir o além dela (jogando fora, de certo modo, a escada).» penso não compreender isso.

Tua morte me foi mostrada.   Ei-la : nada   e seu avesso : nada.

Nem o que acontece nem o que não acontece. todo o resto permanecendo igual.

No espelho, circular, virtual e fechado. a linguagem não tem poder algum.

Quando tua morte se acabar e ela se acabará porque fala. quando tua morte se acabar. e ela se acabará como toda morte. como tudo.

Quando tua morte se acabar. eu estarei morto.

Morta

Tornada idêntica.

Dizer de ti : dizer tudo nada.

Existindo no ao-menos-dois, visível desde um estado-de-coisas, a cada momento enfim nomeada, renomeada, bela, tal :   mas não mais.

Não mais te nomeio senão como incolor.

Sem a reduplicação do real que suportava a designação.

Infinito tua nomeação pura, amor de longe, nem verdadeira nem falsa.

Desaparecida do exterior, das árvores formas vazias, dos ares, das chuvas.

Desaparecida do interior, do beijo,   verdade vazia.

Desaparecida.

Retrato em meditação, III

Adormecida de sua ausência absoluta   desperta na sua ausência intermitente

Seu blue-jean, seus seios, suas meias, suas nádegas, seus tênis

Isto é uma aventura sentimental

Corpo tão limpo : se por acaso ela gritava

Nada senão uma dor mental atravessando Paris deserta (agosto)

A música, imediatamente nua : sua blusa, seus seios, seu blue-jean, suas nádegas, suas meias, seus tênis (brancos)

Docilmente, mas totalmente por acaso

Dormir, gozar, falar nua, talvez

Inaudível

Retrato em meditação, IV

Deixaria ver : os brancos entre os pedaços.

Se calaria o mais possível, sem consistência, cinza

Calar-se pela foto : aforismos.

Perder-se na neblina precedente.

Seduzir em uma língua estrangeira.

Vigiar suas entradas (entries).

Guardar o maravilhoso no bolso.

Construir objetos heteróclitos (uma estratégia).

Memória infinitamente tortu osa.
                                               r

Retrato em meditação, V

Tu não *retocas*, não mudes palavra alguma.

Nada de ponto de vista inapreensível quanto ao passado.

Sonhos femininos, amarrotados.

O que morre, quando se morre?

Acuada entre duas páginas confinadas entre teu sono e o meu.

'Não-contacto' das vestimentas moralizadas.

Que diferença, nenhuma, entre a mais pretenciosa arte e os pores do sol? a 'poesia' do pôr do sol : de vomitar.

As configurações contavam sós.

(todo o resto foi e ficou branco)

V

Meditação da indistinção, da heresia

a Jean Claude Milner

Há três suposições. a primeira, não é exagero colocar em ordem, é que *acabou*. não a nomearei.

Uma segunda suposição é que *nada poderia ser dito*.

Uma outra suposição enfim, é que *doravante nada lhe será semelhante*. esta suposição destitui tudo o que faz elo.

De algumas dessas suposições deduzem-se, sem pertinência, proposições em cadeia.

De que doravante nada será semelhante, concluir-se-á que só existe dessemelhança e daí, que não há nenhuma relação, que nenhuma relação é definível.

Concluir-se-á à impropriedade.

Tudo se suspende no ponto onde surge um dessemelhante. e daí algo, mas algo preto.

Pela simples reiteração, não existe mais, os todos se desfazem em seu tecido abominável : a realidade.

Algo preto que se fecha. e se cala.　uma deposição pura, inacabada.

Cópia de meditação

Precariedade, interior, e janela de desassossego
Onde a laje, perspectiva e raio, pende

E ao largo, e ao longe, em profundidade, se estende
Em tudo o que é preto, cadáver e fuga.

Por quarto, e número, e compactez, duvido
O que não duplica, nem claridade, nem figura, não compreende

Essa medida, e clausura, e estela, vívido, que tende
Mais alto que o estanque, e o impuro, e o admissível.

Sono repleto   distância seca   jazendo dominando e preto

Acidente   desgarre   tela iníqua
Intervalo   pedra passiva   rebordo.

Vocês não tornarão minha condição imaginável

Vocês não reunirão diante de meus olhos as pedras

Vocês não farão com que em parte alguma eu veja.

Morte singular

E por que é preciso uma imagem?

Por que, insensível à afirmação assim como à negação, no mundo, insistente, subsistente, indestrutível, pura repetição, mesmo de nada, uma imagem?

Por que é preciso *essa* imagem?

O mundo povoou-se de objetos incolores, apátridas, núcleo duro sobre o qual a negação não tinha poder senão no segundo turno uma vez vazia a cor, os movimentos, etc...

Mas no ser-assim tinhas ainda uma definição?

Não uma definição terminada, não um fim de conformidade segundo tua definição, não uma designação cortada, um nome cortado. não.

Cercado de imagens de ti, escolhidas pelo teu olhar. escolhidas e por teu pensamento iluminadas. pensamento da prata do preto. disperso em imagens de ti.

Não que tuas imagens se furtem. não que elas sejam muitas, e mintam, por nada. mas de que eu não poderei nunca saber mais.

Dizias : «o singular é idiota».

Meditação da pluralidade

A morte é a pluralidade obrigatória

O esparzimento, a variedade,   para a poesia da meditação
eram signos de morte (Sponde)

Da queda, da perda

Lá se atavam a melancolia e o espelho

«O que sou então? um furioso Narciso.»

Desdobrada, multiplicada, imóvel, a imagem, enumerada até várias vezes, depois, como encurvada de profundidade

Para o espelho puro, e *seus* olhos, o olhar iria infinitamente, e a perda, aí, seria certa

Um certo grão, um certo aço, uma curvatura, no espelho real, nos olhos reais, isso acaba sempre em alguma obscura mistura. mas a mistura, também, é a morte.

«Desgraça de vida, desgraça de vida misturada à morte.»

Roteiro da meditação

O escoar da atenção requer-se demorado

Enumeração dos pontos. foram memorizados. passaram pela noite, areia : alguns glóbulos abstratos, acompanhando palavras, médias extensões de vocábulos, o tudo pendurado em cabides de imagens, sem relações aparentes

Procurar-se-á uma a uma, um a um

O que faz com que haja necessariamente deslocamentos

Num espaço que seria idealmente extensão vazia e cinza

Mas freqüentemente   estás aqui : teus olhos que não vêem tuas pernas   que não se abrem não se fecham

Estás pousada na extensão vazia e cinza entre as estações de tempo meditativo

E a menor distância torna-se intransponível

Meditação dos sentidos

Se desce por uma espiral, uma danação.

Da visão, à voz.   da voz, ao hálito, perfume, odores.

Do odor ao gosto : morder, penetrar, salivas.

Fundo do poço, interior último é o contacto.

O contacto absoluto do corpo. O gozo e a decomposição.

O contacto das mãos, da carne, a coexistência em um mesmo lugar mental, em um mesmo corpo de corpos, o falar na boca, o gosto, o hálito, o entrelaçamento que respira penetra.

Para a meditação dos cinco sentidos, ali estava o recolhimento de mortalidade

Se a distância esvaecente dos dois corpos, queimando de sua infinitamente presente queimadura : paraíso velando sobre seu avesso.

Todas estações que agora desço no inferno, pela lembrança.

Teologia da inexistência

Às avessas da negação de ti, isso, tua lembrança saqueada.

Mas se me afundo nessa *via negativa*, a figura que vou descobrir não é elevada, e não espero revelação alguma

Não convoco à sobrevida teu ser de não morta

Não tenho a intuição de reconhecer-te, esperando, em algum entre-mundo

Há o teu nome, posso dizê-lo para comigo. posso riscar o traço que o barra, em letras, grávidas de lugar

Deixaste-me uma imagem impregnada de ti, no próprio retângulo de realidade que ela apresenta, e nela apareces no lugar onde somente tu és ausente. assim

Do revoluto constituo-me uma verdade

De não ficar aceitando que não és, o silêncio

Mas ignorando, ignorando o que seria o contrário do nada de ti

Meditação da comparação

Poderia me ocorrer comparar-te a um corpo preto, irradiando de uma distância enorme, quase infinita, uma luz sombria que não cessa de chegar até a mim.

Penetrando meu sono como os raios X a carne, minha vigília como uma camada de nuvens é atravessada por inúmeras e velozes radiações.

Eu poderia mas não me conformo.

Obstino-me a circunscrever *nada-ti* com precisão, esse bipolo impossível, a percorrer em torno, disso, o novo dessas frases que eu chamo poemas.

Com todo o descontentamento formal de que sou capaz em relação à poesia

Entre os meses de silêncio onde eu só me prolongava mudo.

E o futuro próximo em que calarei desses poemas com absoluta incompreensão.

Pois impulsar a menor destas linhas pretas no papel até o fim, seu retorno, significa que de um momento ao outro vou começar a cair num segundo silêncio.

E que entre esses limites estreitos devo tentar tênsil e dizer-te, ainda.

Apátrida

Os seres paradoxais, apátridas (*heimatlos*) de Meinong, que escapam ao princípio de não-contradição não são os únicos seres sem universo

Os seres passados e revolutos, falados presentes, afirmados presentes pela destinação, não são tampouco em algum lugar (quero dizer em alguma construção) possíveis

E entretanto não me é possivel passar sem dizer «tu»

Nomeando-te eu queria dar-te uma estabilidade fora de todo alcance

A negação de ti opor-se-á então não à afirmação (não és) mas ao nada que está antes da minha palavra

Nomear-te é fazer brilhar a presença de um ser anterior ao desaparecimento

Dar ao mesmo tempo a esse desaparecer um estatuto outro e mais do que a pura, do que a simples ausência, um segundo estatuto

Teu nome é traço irredutível. Não há negação possível de teu nome.

Teu nome não se suprime (mas permanecerá sem descrição, que viria quebrar essa solidez para transformá-la em enunciado maleável, menos exigente, fraco, irrisório, e, para resumir, falso).

VI

Esta fotografia, tua última

Esta fotografia, tua última, deixei-a na parede, onde a puseras, entre as duas janelas,

E ao entardecer, recebendo a luz, sento-me, nesta cadeira, sempre a mesma, para olhar para ela, onde a puseste, entre as duas janelas,

E o que se vê, aí, recebendo a luz, que declina, no golfo de tetos, à esquerda da igreja,   o que se vê,   ao entardecer, sentado nesta cadeira, é, precisamente,

O que mostra a imagem deixada na parede, no papel marrom escuro da parede, entre as duas janelas, a luz,

Avança, em duas línguas oblíquas flui na imagem, de revés,
até o ponto exato onde o olhar que a concebeu, o teu, concebeu, versar indefinidamente a luz reversa a quem, eu, olha para ela,

Pousada, no centro, do que ela mostra,

porque nesse centro, o centro do que ela mostra, que eu vejo, há também, recorrente   a própria imagem, contida nele,   e a luz, entra, desde sempre, do golfo de tetos à esquerda da igreja, mas sobretudo há, o que agora falta

Tu.   porque teus olhos na imagem, que olham para mim, neste ponto, nesta cadeira, onde eu me sento, para ver-te, teus olhos,

Já vêem, o momento, em que estarias ausente, prevêem-no, e é porque, eu não pude mover-me deste lugar.

Remessa

Apegar-se à morte como tal, reconhecer nela a avidez de uma realidade, era reconhecer que ela está na língua, e em todas as suas construções, algo de que eu não era mais responsável.

Ora, é isso que ninguém tolera senão mal. Onde estão as insígnias da eleição individual, senão no fato de que uma ordem lhe é obediente, com suas razões de língua.

A morte não é uma propriedade distintiva, de tal maneira que para sempre os seres que não a apresentassem, excluir-se-iam para sempre dos descontos.

Nem os Tronos, nem as Potências, nem os Principados, nem a Alma do Mundo em suas Constelações.

Isso entretanto que esforçavas-te em franquear, através de fótons evaporantes, através da solarização de tua nudez exata.

A transposição bem sucedida, a sombra não devia estar apoiada em lugar algum mais do que nesse lugar onde o sol levara a evidência até o ponto de concluir : a cama, nádegas que se abrem ardendo.

Ora, e é isso que ninguém tolera senão mal, a escrita da luz não pede assentimento.

Para quem sabe ler, só os limbos do entendimento.

E o sol, que te empacotava entre duas vidraças.

Nuvens

Simplicidade do ser   distinção numérica   conhecimento da tarde

Formas subtraídas à hesitação

Natureza iniciadora, na luz hierárquica

Purificações   iluminações   perfeições

Contemplações   imitações em três modalidades

Percepções deliberações decisões

Recepções revelações união

Conformidade descendente

Glórias.   equivalentes.

Pincel luminoso

Na cor inatingível

Na espera   inatingível   da cor

Da linha que franqueia   o rosto

Na gelatina   branca   a gelatina preta

A espera de prata   do olho de sais de prata

Platina   sépias

O tatalar das gaivotas do branco e do preto

A linha   fumegando da luz   terror   escrita à luz   cessa   exata   aí

Onde te tornas pretidão

Enigma

segundo Abraham de Vermeil

Sem ser agora	sem lugar	sem peso	sem dizer
　Sem parentesco vivo preso ao olhar

　Sem acidez enferrujada	sem curva do mar
　Sem linha ou sem cor	que toque	ou turve
　ou vibre

As nuvens me escondiam	e o dia me retira
　Minha mãe me fez direita	e meu pai me fez do avesso

　O sol me prendeu com porta clara e preta

　A noite me evaporou	com sua sonda vítrea

O nada agora me cortou com a mão
　Que me constituia de rostos irmãos

　Uma proximidade	plena de mundos plúrimos

Adivinha, se puderes,	que tinta era aquela
　Que cinza me vomitou e preta me engoliu

　Que me pegou em seus olhos confinando-me à sombra.

Arte da visão

A nitidez, a decisão extrema da intenção visual

Sem dúvida alguma essa ausência de hesitação está ligada à ubiqüidade fotográfica, que fragmenta cada movimento em uma seqüência de gelatinas

Mas do frio da imobilidade adquirida no sal o calor do corpo solarizado se evapora como o suor brumoso sobre cavalos no inverno newyorquês de Stieglitz

De um lado o literal, o absolutismo maneirista, os raios luminosos conduzidos, forçados como, à escrita

Do outro, num fundo minimalista geométrico (dado) o gesto de segurar a máquina no peito (contra o coração, os seios) a pose noturna interminável, debaixo só das estrelas, «quinze minutos à noite no ritmo da respiração»

Imagem engolida pelo sopro

Não há o menor medo nesses olhares

Não duplicada tomando-se a si mesma como «modelo», porque vista, somente, como após-morta.

Opus posthumus, sempre, até a extremidade final

Afirmação de conformidade

Não há imagens senão declarativas, assertivas, findas,

Extratempo, extrapessoa, extracircunstâncias, verdades proferidas como tais,

Proposições sentenciosas,

Assim, insuportáveis, em minhas mãos,

Queimam com seu valor de verdade,

Argumentos de autoridade do tempo,

O sol que ricocheteia de teus seios,

A luz que se envolve na tua pele,

E meu espírito conta,   e recusa

«Todas as fotografias são eu»

«

Perescíveis, sentimentais, eu mesma perescível

Tudo o que se arrisca a perder, dá-lo a ti. vais perdê-lo.

Não me assemelharei sempre ao mundo.

Fui o mundo, eu também.

Semelhante, até a ilusão.

Não dissipo a sombra do esquecimento. eu tento brilhar-me de luz fora da memória. contrabando indiscernível da lembrança pura.

Entra, assiste à minha infância interior, no segundo lado do tempo

»

Esta fotografia, tua última

Esta fotografia, tua última, deixei-a na parede, entre as duas janelas, por cima,

Da televisão abandonada, e ao entardecer, no golfo de tetos à esquerda da igreja, quando a luz,

Se concentra, que ao mesmo tempo, escorre, em dois estuários oblíquos, e invariáveis, na imagem,

Sento-me, nesta cadeira, de onde se vê, ao mesmo tempo, a imagem interior a fotografia, e em volta, o que ela mostra,

Que somente, ao entardecer, coincide, pela direção da luz, com ela, fora isso, que à esquerda, na imagem, olhas,

Para o ponto onde me sento, para ver-te, invisível agora, na luz,

Da tarde, que pesa, sobre o golfo de tetos entre as duas janelas, e eu,

Ausente de teu olhar, que na imagem, fixa, o pensamento dessa imagem, dedicada a isso, nos entardeceres de agora, sem ti, no ponto,

Vacilante da dúvida de tudo.

VII

Agora sem semelhança

Agora sem semelhança

Sem tempo mesmo   sem infinito

Sem estanho preto e entre, mão cheia sombria de pelos

Agora surda tendo cessado de ser nua   tendo cessado de ser mulher   tendo cessado

Agora que não há nada para ver   nada   a semelhança

Não delira e deseja

Agora não retornas

Em minha mão   nem uma luva nem um suor

Para lâmpadas em nossa volta nós grandes evangélicos

Nesta luz

Excluído, nesta luz, sem objeto.

Aconteceu que a luz, com essa coisa coincidindo já, que existia, refutava ao mesmo tempo tua existência.

Havia esse rosto que mergulhava num infinito espaço. eu sabia que haveria sempre esse rosto e esse infinito espaço.

Essa cor não precisava ser   esse sangue não precisava ser tão pesado.

O inalterável, o subsistente,   nada.

morta   durante esse estado   da luz

A imagem, saindo, te atingia

Caída ali, como um instrumento de medida

Tornara-se impossível dizer

Uma nuvem.

Essa região

Essa região : as reflexões são incompletas, as superfícies refletoras não retêem, não mesclam, não enfraquecem, apenas suprimem, em grandes lances.

Os fragmentos que se perderam estão talvez guardados nos armários, nos arquivos, mas os códigos, as chaves, se encontram dentro também.

Eu não me esforçarei em obter a restituição.

Essa região : diante do Ministério da Marinha desenhado com uma precisão maníaca, inúmeros, os pássaros, esvoaçando em filas perfeitas, pretas.

Do naufrágio à reflexão apenas o nome permanece inalterado.

No início, isso parecia longe. agora não.

Essa região : região, um modo de dizer, paisagem moralizada, em descrições definidas, bases de vizinhanças totalmente dispersas.

Um modo de dizer, região, sentir que uma acalmia transpassa.

Se aplaina, se corrói, se banaliza. até que uma pá, luz, a revolva no âmago.

Nesta luz, II

Teu estado, fora da luz, não pode ser pensado   o que quer dizer que não posso pensar seu vestígio em mim mesmo.

Reunião perceptível de luzes   uma proposta de ser, tu.

Não te mistures   fora da luz.

O trajeto de minha visão chegou a parar em algum lugar pois se essa imagem, para sempre devesse me calar,   minha vida lhe pertenceria ao ponto de ser, de uma vez por todas, imobilizada nela.

As luzes mudavam   não a tua obscuridade.

Coisa alguma se comportava mais como se a luz tivesse um sentido.

Trajetórias franqueadas, no escuro, da luz   cada luz continua, franqueando caminho, em minha direção, no escuro.

No fundo das pernas abertas, essa mancha escura.

Isso não mudou.

A história não tem lembranças

A história não tem lembranças.

Cada imagem de ti — falo daquelas que estão em minhas mãos, diante de meus olhos, nos papéis — cada imagem toca o traço de um reconhecimento, ilumina-o,

Mas ela é entretanto revoluta, elas são revolutas, cada uma e todas, não constituem em suas configurações vida alguma, sentido algum, lição alguma, fim algum.

Tua voz se deslocando sussurrando no gravador, ouço os esforços de tua respiração, na noite, diante do gravador em tua cama.

Ouço-a após centenas de noites intacta e no entanto não há nada nela de um presente, nada que a magia mecânica tenha podido, pela mímese em limalhas, transladar de nenhum de teus momentos, plenos, separados, de respiração difícil, revolutos, para ficarem aqui em teu nome, como um recurso.

E é por isso talvez que estás nelas, vista, e a voz, o mais irremediavelmente, morta.

E é por isso também que a vida que te resta, se é que resta, está impressa em mim, sudário, entretecida em mim, recusando desfazer-se.

E cedendo como tua carne à complacente decomposição não imaginável, e imobilizando-se como imagem e fala nos parênteses documentários. Essa vida que é isso :

Teu perfume, teu gosto, teu tacto, teu contacto.

Nesta luz, III

Olha
    recente, o calor   se afasta
a luz,   fica preta

Olha
    um mundo   desmoronado como um andai-
    me

A imagem interna,   e *aquela lá*   se contradiziam
mas eu não podia mais mostrar, nem deduzir.

Olha
    contra-senso   a luz
  nuvem   e sua forma   que ela nega

Passavam diante dos meus olhos seqüências vitrificadas mas iguais, em desacordo violento com tua imobilidade

Olha
    a duração, ancinho comparsa, segundos,
    anos,

    Laje de nudez

    Transparência, negativa

Olha
 A luz rastejante, que de novo te recolhe ao leito.

Pornografia

Uma lembrança pode ser pornográfica?

Seria preciso que uma pornografia pudesse não ser pública, sem testemunha, visto que uma lembrança não se escreve, não se mostra, não se diz.   sem gente que espia.

Não sou necrófilo, não desejo teu cadáver. não sei o que é. se é. vi-te morta. não te vi cadáver.

Porém eu desejo.

Essas lembranças são as mais sombrias de todas.

Violentam o mais possível o princípio de realidade.

Mergulho, em pleno dia, nesses ardores.

Mexes, respiras.

Mas o silêncio é absoluto.

Nesta luz, IV

Posta
    no entre-mundo,   insistente,
em teu próprio nome

'não outro'   meu amor
    inacessível

Sem cor   dormes   furiosamente

Imagem   tua única   pátria

Amor   nada mais do que pura
    repetição

Erra, insiste, subsiste,
    nos papéis

Tornada
    redundância do visível

A extensão te surpreenderá

E minha voz, na verdade, retorna,
    por estas palavras, à tua imagem, que por si mesma,
    aqui, as põe.

Morte real e constante

À luz. constatei tua irrealidade. ela emitia monstros. e ausência.

A agulha do teu relógio continuava a se mover. na tua perda do tempo eu me encontrava totalmente incluído.

Era o último momento em que estaríamos sós.

Era o último momento em que estaríamos.

O pedaço de céu. doravante. me era devolvido. de onde atraías as nuvens. e acreditar nisso.

Tua cabeleira tinha-se pretejado absolutamente.

Tua boca tinha-se fechado absolutamente.

Teus olhos tinham tropeçado na vista.

Eu tinha entrado numa noite que tinha uma borda. para além da qual não haveria nada.

VIII

Não posso escrever de ti

Não posso escrever de ti mais veridicamente do que tu mesma.

Não que eu seja incapaz por natureza, mas a verdade de ti, tu a escreveste.

E porque escrevias para só seres lida morta, porque eu a li, tu morta, e feita minha, esta verdade é a mais forte de todas.

Não poderei ultrapassá-la.

O que detenho de ti, o que me concerne a mim só, não é da ordem da verdade mas da física :

Tocar desde os joelhos até a fronte, gosto de cerveja na língua, perfume nos braços, embaixo, visão e voz, de longe, me queimam : circuitos que não serão obliterados. não por enquanto.

Isso é só meu, e com razão.

Não escreverei de ti senão de minha própria altura.

Ou então deito-me e faço sombra.

A idéia deste lugar

A idéia de estarmos, mortos, num mesmo lugar.

A idéia dos dois nomes numa pedra.

A idéia da proximidade das alianças.   pode-se imaginá-las amarradas, até.

Tudo isso de uma duração limitada, embora simbólica (no sentido mais comum)

Uma visita dominical ao cemitério parisiense de Thiais. às vezes durante a semana : está-se melhor só.

Pontuação vazia. há flores ou não há flores. chove ou não chove. é um trajeto longo, o metrô, um ônibus.

Eu vou mas não consigo pensá-lo.

Não constato dores complementares.

Dói mais, às noites.

«Este mesmo é tua morte e o poema»

Este mesmo não é a morte mas o revoluto

A imagem o encontra uma vez mais

Uma vez mais solares pernas e ventre

Com sua macega e escova preta

Avançando meia-noite toda-espuma

De tua média profusão e preta e morena e vã

Este mesmo não é a morte e a poesia

Não sabe a nada as palavras se tornaram

Como estelas   e os sentidos contingentes

Diálogo

Nunca pensei num poema como sendo um monólogo saído de algum lugar detrás da minha boca ou da minha mão

Um poema se coloca sempre nas condições de um diálogo virtual

A hipótese de um encontro   a hipótese de uma resposta a hipótese de alguém

Mesmo na página : a resposta suposta pela linha, os deslocamentos, os formatos

Algo vai sair   do silêncio, da pontuação, do branco   remontar até mim

Alguém vivo, chamado pelo nome :   um poema de amor

Mesmo quando a omissão, a indireção, a destinação pronominal tornam possível essa translação : que um leitor esteja diante da página, diante da voz do poema como no momento de seu nascimento

Ou de sua recepção : leitor leitor   ou   leitor autor

Este poema te é destinado e não encontrará nada

O tom

Convencionou-se que a tonalidade será sinistra

Ou então tratar-se-á, diretamente, de outra coisa

No registro lírico, elegíaco, o horror culminará metricamente (morte métrica). ou então pela disjunção e a suspensão

Pelo menos se se escutar até lá, ou ler

É conveniente manter-se nos gêneros previstos : evocação, imprecação, futuro anterior : rituais.

Há assim engendramentos de sentimentos disponíveis dos quais não sei me utilizar

Estou diante das palavras com descontentamento

Durante muito tempo não pude nem mesmo chegar perto

Agora, ouço-as e cuspo-as.

Tu me escapas

De restos de poemas faço estas frases. de cores tornadas indiferentes. de dias turvos.

Em toda lembrança se perdem as cores. aqui és clara ou sombria, é tudo com que a minha linguagem pode variar.

Interiormente tu me confinas às tuas fotografias.

Tuas cores me escapam uma pela outra. como tuas frases.

Sestas sépias.

Um pedaço de papel branco guarda sua claridade de um céu em que o branco se lavou de cinza, tendo deslizado no sal. esse céu mais luminoso do que o papel.

Em um sentido entretanto ele tinha sido mais sombrio.

Teu corpo assim. tirando toda luz dos meus olhares.

Mas seria correto dizer que minha vista está falhando?

Universo

«Ela está viva». imagino que esta proposição, falsa em meu universo, é verdadeira nesse outro, o universo (fictício) de sua verdade.

Para isso é preciso que não haja apenas um universo. Pois se não houvesse senão um universo, não haveria proposição falsa. posto que toda proposição sendo ou verdadeira ou falsa, e verdadeira toda proposição no universo de sua verdade, se um universo fosse o único universo, ela não poderia ser falsa. mas haveria então a menor proposição vedadeira?

Haveria então apenas proposições?

Ora eu preciso (neste momento de que estou falando) de pelo menos uma proposição, «ela está viva», que servirá à minha ruminação. Estou deitado em minha cama, venezianas fechadas (fora é de manhã, sol), olho para imagens, onde ela está, auto-retratos nus, imagens especialmente vivas de uma nudez especialmente próxima, compostas para meus olhos, nos tempos de leveza, de fomes.

O universo permanece insensível à oferta de minha proposição.

No universo desta fala, não existe «ela estaria viva», nem tampouco «sucederia que ela estivesse viva», somente a afirmação sem desculpa pode restituir-me por um instante, como uma resina, o perfume da nudez.

A proposição «estás morta», ela, não necessita nenhum universo de discurso.

Ela não restitui nenhum sentido : nem a visão, nem os outros.

Hoje de manhã, não é pensável sair ao sol.

Mundo ingênuo

Mundo ingênuo, montanhas de ouro, cavalos alados.

Pulsação do sentido à verdade.

Suspensão da recusa incrédula,

Voluntária,

Que estejas aqui, que sejas isto!

Não posso falar de *nada*,

Sem que esse *nada*,

Tenha efeito de um retorno,

E cesse de só comigo me ocupar.

Afasia

Jakobson diz que a afasia come a língua no sentido contrário à sua aquisição. As articulações mais recentes são as primeiras a partirem.

Uma boca que se desfaz começa pelos lábios.

Pensei a mesma coisa do verso. as regras do verso desaparecem uma por uma em sua destruição, segundo uma ordem, também, afásica. Como se os poetas desfizessem seu edifício andar por andar. Sem fazê-lo explodir de uma só vez.

Diante de tua morte fiquei completamente silencioso.

Não pude falar durante quase trinta meses.

Não podia mais falar da minha maneira de dizer que é a poesia.

Tinha começado a falar, em poesia, vinte e dois anos atrás.

Era após uma outra morte.

Antes dessa outra morte eu não sabia como dizer. era quase silencioso.   Assim, preso entre duas 'bordas' de morte.

IX

Os dias

Os dias vão-se embora imensamente.

Pouca coisa afinal.

As árvores se intersectam com o toldo desamparado.

Nas cidades, não se sabe que há um telhado.

Um túmulo, é preciso se forçar para visitá-lo. ciprestes poderiam ser um alívio. mas a quê?

Aléia de ciprestes, um céu branco lavanda, um punhado de evônimos.

Tinhas vindo a este país por causa do sol, a este país onde, dizias, nunca se está muito longe de um hospital.

Às vezes os pólens invisíveis te sufocavam.

Às vezes, às noites, as nuvens saiam da grande mão e exigiam tua atenção.

Em mim

Tua morte não pára de acontecer   de se acabar.

Não   só   tua morte.   morta   estás.   não há nada a dizer.   e o quê?   inútil.

Inútil o irreal do passado   tempo inqualificável.

Mas tua morte em mim progride   lenta   incompreensivelmente.

Continuo acordando em tua voz   tua mão   teu cheiro.

Continuo a dizer teu nome   teu nome em mim   como se estivesses.

Como se a morte tivesse gelado apenas a ponta de teus dedos apenas tivesse jogado uma camada de silêncio sobre nós   tivesse parado diante de uma porta.

Eu atrás   incrédulo.

Mantinha-se

Mantinha-se. mas ele vê o espalhamento.

Abandonado às analogias da dispersão.

Ninguém deveria ficar surpreso.

A boca tua imobilizada aberta pelo sol pulverulento onde ele vê entrar um ponto negro.

Para quem mantém manterá a terra congênera.

Por onde se passarão os séculos.

Ele soube então o que isso significava : desfazer despedaçar desfazimento.

Ele via. ao mesmo tempo as oitocentas noites seguintes foram

Quebradas por um grito contínuo.

Esse tempo que era nosso no mundo

Esse tempo que era nosso no mundo

Fragmentado em fotografias, para uma restituição futura. breve para o olhar. como ele foi, tão breve.

Exceto que pleno ele não tinha limitações.

Luz reduzida pela janela   condensada pela película comprimida pela porta   refratada pelo espelho   reduzida pela janela   and so on.

Anéis de uma certa luz e de uma certa música

Glenn Gould Brian Eno Anthony Braxton

Vacilante memória das sílabas que caem de uma outra língua

E em nossa direção

Algo como «não tendo tido tempo»

Nessa árvore

Desce e dorme   nessa árvore, nessa árvore.

Empurra a terra   nessa árvore, nessa árvore.

Cava a terra   nessa árvore, nessa árvore.

Desinventa o preto   nessa árvore, nessa árvore.

Reconstrói pernas   nessa árvore, nessa árvore.

Declina as poeiras   nessa árvore, nessa árvore.

Corta a luz   nessa árvore, nessa árvore.

Enche as órbitas   nessa árvore, nessa árvore.

Escreve, escreve-te viva   nessa árvore.

Nãovida

O pescoço estrangulado pela corda do despertar

O corpo aglomerado na fronte

De duração plano deserto com faixa som ruim

Querendo desesperadamente colar sua fala em algum lugar

E sorrir vazio diante de teu rosto preto

Lambendo tua pele arenosa às vezes de música

Incluído no inferno circular de ver e ver

Sem cessar teu rosto extinto de sopro ausente

Como no instante tão profundo em que compreendi

Nãovida, II

Visão nula no fundo de vidro espesso e marrom

Invadido na superfície de veias mas jamais dito

Jamais dito no campo vogante de tua voz abatido

Da contraluz tateante na garganta sem fim

Talvez escondida atrás do solo com isso tudo

Escancarando céu de claridade suportável

No meio de tua carne e drenando um barulho de moscas

Que franze no horizonte onde faz azul

Uma hora vertical ainda mas apenas teus pulmões

Nãovida, III

Renuncia eu-mim olho diante e ao olhar

Da onda desenrolada de verídica suspensão

Resposta nem eu-mim tremor dizer e se abrir para dizer
                                                           o quê

Dizer a quem agora se abrir mais em tua boca

Sem saber em apnéia desde que nasceste

A pele cinza de repente a embriaguez do oxigênio

A frase pura do líquido sem dentes

Longe de mim perdido pé no irrespirável

Sangue e jogado o pano sobre a cabeleira

Nãovida, IV

Diz será que eu vou morrer diz

Morrer que eu não saberei mais diz

Ressaca do espaço imperceptível

Vem raspando o instante da sobrevida

Diz da onda de tempo e de quê

De luzes de nuvens de tudo o que faz tudo

Apertando minha mão afastando um pouco a noite

A porta rechaçava luz

Reconheci tua morte e a vi

Nada

(1983)

este pedaço de céu
doravante
te é consagrado

em que a face cega
da igreja
se encurva

complicada
por uma castanheira,

o sol, ali
hesita
deixa

um vermelho
ainda

antes que a terra
emita

tanta ausência

que teus olhos
se aproximem

de nada

Bibliografia selecionada

Poética, crítica, tradução

Lê signe d'appartenance (S), Gallimard, 1967.
Mono no aware, Gallimard, 1970.
Renga (em colaboração com O. Paz, C. Tomlinson, E. Sanguineti), Gallimard, 1971.
Trente et un au cube, Gallimard, 1973.
Mezura, Éditions d'Atelier, 1975.
Autobiographie, chapitre dix, Gallimard, 1977.
Inimaginaire IV (em colaboração com P.L. Rossi, P. Lartigue, L. Ray), Privately printed, La Ferté Macé.
Graal Fiction, Gallimard, 1978.
La Viellesse d'Alexandre: Essai sur quelques états récents du vers français, Maspero, Action Poétique, 1978, Ramsay, 1988, Ivrea, 2000.
Dors précédé de Dire la poésie, Gallimard, 1981.
Le Roi Arthur: au temps des chevaliers et des enchanteurs, Hachette, «Échos/personnages», 1978.
Les Troubadours, Seghers-Lafont, 1980.
Tradução de La Chasse au Snark. (de Lewis Carroll) – Slaktine-garance, 1981, 2è édition Ramsay, 1985.
Les Animaux de tout le monde (Poemas ilustrados por Marie Borel e Jean-Yves Cousseau), Ramsay, 1983, Édition augmentée, Seghers, 1990.
La Belle Hortense, Ramsay, 1985, Seghers, 1990.
Quelque chose noir, Poésie, Gallimard, 1986.
La Fleur inverse, Essai sur l'art formel des troubadours, Ramsay, 1986, 2e edition, Les Belles Lettres, 1994.
La Bibliothèque oulipienne (em colaboração com Paul Fournel), 3 volumes, Seghers, 1987-1990.
L'Enlèvement d'Hortense, Ramsay, 1987, Seghers, 1991.
Partition rouge, (em colaboração com Florence Delay), Seuil, «Fiction & Cie», 1998.
Le grand incendie de Londres, Seuil, «Fiction & Cie», 1989.
L'Hexaméron, (em colaboração), Seuil, «Fiction & Cie», 1990.
La Princesse Hoppy ou le Conte du Labrador, Hatier, «Fées et Gestes», 1990.
L'Exil d'Hortense, Seghers, 1990.
Soleil du soleil: le sonnet français de Marot à Malherbe, antologia – P.O.L., 1990.
Echanges de la lumière, ensaio – Anne Marie Métailié, 1990.
Les Animaux de personne, (poemas ilustrados por Marie Borel e Jean-Yves Cousseau), Seghers, «Volubile», 1991.
Impressions de France, Hatier, «Brèves», 1991.
La Pluralité des mondes de Lewis, Gallimard, 1991.
L'Invention du fils de Léoprépès, Circe, 1993.
La Boucle, Seuil, «Fiction & Cie», 1993.
Monsier Goodman rêve de chats, Gallimard, «Folio», 1994.

Poésie etcetera: ménage, Stock, 1995.
Mathématique, Seuil, «Fiction & Cie», 1997.
L'Abominable tisonnier de John McTaggart Ellis McTaggart et autres vies plus ou moins brèves, Seuil, «Fiction & Cie», 1997.
Le Chevalier Silence: une aventure des temps aventureux, Gallimard, «Haute enfance», 1997.
La forme d'une ville change plus vite, hélas, que le Coeur des humains, Gallimard, 1999.
Poésie, récit, Seuil, «Fiction & Cie», 2000.
Traduire, journal, éd. Nous, 2000.
Quelque chose noir, ed. Poésie poche, Gallimard, 2001.
La Bibliothèque de Warburg, seuil, coll. «Fiction & Cie».
Kyrielle pour lê sentiments dês choses, Nous, 2003.

Obras de matemática

Morphismes rationnels et algébriques dans les titres d'A – algèbres discrètes à une dimension. – Paris: Institut de satistique de l'Université, 1968, 77 p.
«Monades et Descente», com Jean Bénadou, *Compte-rendus de l'académie des sciences de Paris*, 270, 1970, pp. 96-98.

Biblioteca Oulipiana

**La princesse Hoppy ou Le conte du Labrador*, Bibliothéque Oulipienne, nº 2.
**La princesse Hoppy ou Le conte du Labrador, Chapitre 2: Myrtilles et Béryl*, Bibliothèque Oulipienne, nº 7.
**L'Hôtel de Sens* (com Paul Fournel), Bibliothèque Oulipienne, nº 10.
*Io et le Loup, Bibliothèque Oulipienne, nº 15.
**Le train traverse la nuit*, Bibliothèque Oulipienne, nº 26.
**Vers une oulipisation conseqüente de la littérature*, Bibliothèque Oulipienne, nº 41.
**Secondes litanies de la Vierge*, Bibliothèque Oulipienne, nº43.
**La disposition numérologique du rerum vulgarium fragmenta, precede d'une vie brève de Françοis Pétrarque*, Bibliothèque Oulipienne, nº47.
**Le Voyage d'hier*, Bibliothèque Oulipienne, nº 53.
*Crise de théâtre, Bibliothèque Oulipienne, nº 61.
**N-ines, autrement dit Quenines (encore)*, Bibliothèque Oulipienne, nº 66.
**Trois ruminations*, Bibliothèque Oulipienne, nº 81, 1996.
**La terre est plate, 99 dialogues dramatiques mais brefs precede de Petite rumination du 150*, Bibliothèque Oulipienne, nº 83, 1996.

Algo: Preto é mais do que um magnífico poema em torno da morte e da morte da pessoa amada. É a história de uma profunda e bela amizade criada em torno do amor à poesia.
Quando propus sua tradução para a coleção Signos, dirigida por Haroldo de Campos na editora Perspectiva, a aceitação foi imediata: nossa amizade vinha desde 1963 e após termos percorrido juntos tantas questões estéticas, a poesia em particular, o acordo entre nós já era tácito. Tivemos inúmeras ocasiões de partilha e de cumplicidade: museus, leituras, concertos, peças de teatro, festivais de poesia, bancas de tese e traduções — Haroldo sempre presente. Haroldo releu a tradução de *Algo: Preto*, palavra por palavra e realçou, como era seu costume, *i punti luminosi*.
Nossa amizade por Jacques Roubaud, que encontramos pela revista *Change* em 1969, era um outro ponto comum. Jacques e Haroldo participaram do festival internacional de Cogolin como poetas planetários e especialistas de Ezra Pound, onde eu apresentei traduções francesas de fragmentos galácticos, em 1985.
Em 1999, na ocasião do prêmio Roger Caillois atribuído à poesia estrangeira representada pelas *Galáxias* (trabalhamos sete anos juntos), Jacques fazia parte do público da Maison de l'Amérique Latine. Partimos em seguida os três para Oxford para um colóquio sobre poesia brasileira que se prolongou em Yale: Haroldo completava 70 anos, era em sua homenagem.
Em 2000, sob iniciativa de amigos franceses, fizemos a leitura integral das *Galáxias* em francês. Beaubourg ressoava de vogaisconsonantes, de ritmo, de planetas e de sol pela voz de Liliane Giraudon, Jean-Jacques Viton, Anne Marie Métail, Jo Guglielmi, Julien Blaine, Anne Portugal, Henri Deluy, Jacques Roubaud e a tradutora. Um elo precioso sempre nos uniu no espaço-tempo.
Hoje esse livro que fala da morte, fala também da vida.

Inês Oseki-Dépré

Coleção Signos
Haroldiana

1. *Panaroma do Finnegans Wake*, James Joyce (Augusto e Haroldo de Campos – orgs.)
2. *Mallarmé*, Augusto e Haroldo de Campos e Décio Pignatari
3. *Prosa do Observatório*, Julio Cortázar (tradução de Davi Arrigucci Júnior)
4. *Xadrez de Estrelas*, Haroldo de Campos
5. *Ka*, Velimir Khlébnikov (tradução e notas de Aurora F. Bernardini)
6. *Verso, Reverso, Controverso*, Augusto de Campos
7. *Signantia Quasi Coelum: Signância Quase Céu*, Haroldo de Campos
8. *Dostoiévski: Prosa Poesia*, Boris Schnaiderman
9. *Deus e o Diabo no Fausto de Goethe*, Haroldo de Campos
10. *Maiakóvski – Poemas*, Boris Schnaiderman, Augusto e Haroldo de Campos
11. *Osso a Osso*, Vasko Popa (tradução e notas de Aleksandar Jovanovic)
12. *O Visto e o Imaginado*, Affonso Ávila
13. *Qohélet/o-que-sabe – Poema Sapiencial*, Haroldo de Campos
14. *Rimbaud Livre*, Augusto de Campos
15. *Nada Feito Nada*, Frederico Barbosa
16. *Bere'shith – A Cena da Origem*, Haroldo de Campos
17. *Despoesia*, Augusto de Campos
18. *Primeiro Tempo*, Régis Bonvicino
19. *Oriki Orixá*, Antonio Risério
20. *Hopkins: A Beleza Difícil*, Augusto de Campos
21. *Um Encenador de Si mesmo: Gerald Thomas*, Silvia Fernandes e J. Guinsburg (orgs.)

22. *Três Tragédias Gregas*, Guilherme de Almeida e Trajano Vieira
23. *2 ou + Corpos no mesmo Espaço*, Arnaldo Antunes
24. *Crisantempo*, Haroldo de Campos
25. *Bissexto Sentido*, Carlos Ávila
26. *Olho-de-Corvo*, Yi Sán⁸ (Yun Jung Im – org.)
27. *A Espreita*, Sebastião Uchôa Leite
28. *A Poesia Árabe-Andaluza: Ibn Quzman de Córdova*, Michel Sleiman
29. *Murilo Mendes: Ensaio Crítico, Antologia e Correspondência*, Laís Corrêa de Araújo
30. *Coisas e Anjos de Rilke*, Augusto de Campos
31. *Édipo Rei, de Sófocles*, Trajano Vieira
32. *A Lógica do Erro*, Affonso Ávila
33. *Poesia Russa Moderna*, Augusto e Haroldo de Campos e Boris Schnaiderman
34. *ReVisão de Sousândrade*, Augusto e Haroldo de Campos
35. *Não*, Augusto de Campos
36. *As Bacantes de Eurípides*, Trajano Vieira
38. *Fracta: Antologia Poética*, Horácio Costa
39. *Éden: Um Tríptico Bíblico*, Haroldo de Campos
40. *Algo : Preto*, Jacques Roubaud
41. *Figuras Metálicas*, Cláudio Daniel
42. *Édipo em Colono, de Sófocles*, Trajano Vieira